Annette Vosswinkel

Beste Freunde A2

DEUTSCH FÜR JUGENDLICHE

Deutsch als Fremdsprache

Leseheft: Blauer Mond

Hueber

1 Aufgabe vor dem Lesen
2 Aufgabe nach dem Lesen
3 Aufgabe in Partnerarbeit
4 Aufgabe in Gruppenarbeit

Zu diesem Leseheft gibt es unter www.hueber.de/beste-freunde
- Hörfassung als mp3-Dateien
- PDF-Arbeitsblätter: Aufgaben mit Lösungen

6. 5. 4. | Die letzten Ziffern
2027 26 25 24 23 | bezeichnen Zahl und Jahr des Druckes.
Alle Drucke dieser Auflage können, da unverändert, nebeneinander benutzt werden.
1. Auflage

Umschlaggestaltung: Sieveking · Agentur für Kommunikation, München
Layout und Satz: ms design, Athen
Druck und Bindung: Friedrich Pustet GmbH & Co. KG, Regensburg
Printed in Germany
ISBN 978–3–19–081052–9

Art. 530_25538_001_04

Blauer Mond

Fabio lebt für den Fußball, nicht für die Schule. Er hilft seinen Freunden und alle finden ihn nett und lustig.

Luisa arbeitet Tag und Nacht für die Homepage und andere Projekte der Medien-AG. Sie ist der Star der Medien-AG.

Tim geht auch in die Medien-AG. Er ist ein guter Freund. Er redet wenig, aber er versteht viel.

Sofie ist die beste Freundin von Luisa. Aber manchmal ist sie sauer, weil Luisa oft keine Zeit hat. Und manchmal versteht sie ihre beste Freundin einfach nicht.

1 Die Comic-Ausstellung

Hi Fabio, am Wochenende ist die Comic-Ausstellung. Kommst du? Max

Na klar! Ich bringe auch Sofie und Luisa mit.

Super! ☺

Am Samstag gehen also Fabio, Sofie und Luisa in die Comic-Ausstellung im Zentrum von Köln. Dort sehen sie auch Comics von Max. Max ist ein neuer Schüler in der Gutenberg-Schule. Fabio kennt ihn, weil Max jetzt in seiner Straße wohnt.

Fabio: Schaut mal hier, die sind von Max. Gut, nicht? Max hat mir erzählt, dass er auch schon ein Praktikum in einem Animationsstudio[1] gemacht hat. Da hat er gezeichnet, Bilder bearbeitet und auch im Musikstudio mitgeholfen.

Sofie: Ja, die Comics sind echt super.

Luisa: Der zeichnet ja wie ein Profi! Wie ein richtiger Künstler!

Max: Hi! Künstler? Na ja, ich brauche noch ein paar Jahre, bis ich wirklich gut bin.

Fabio: Hi! Das hier ist Sofie und das ist Luisa.

Max: Hallo!

Sofie: Hallo!

Luisa: Hallo!

Max: Das ist eine tolle Ausstellung, nicht? Ich habe großes Glück gehabt, dass ich hier teilnehmen darf.

Luisa: Sag mal, Max, hast du nicht vielleicht Lust, bei der Medien-AG mitzumachen? Wir brauchen unbedingt ein neues Logo für unsere Homepage.

1 Max: Ja, das hört sich interessant an. Wann denn?

2 Luisa: Am Montag um drei, im Medienraum.

3 Max: O.k., super!

[1] Animationsstudio: hier werden Zeichentrickfilme gemacht.

2 Der Schlüssel

Eine Woche später besucht Fabio seine Oma. Sie hatte einen Unfall mit ihrem Fahrrad und nun hat sie einen Gipsverband. Und sie langweilt sich sehr. Aber heute nicht, heute ärgert sie sich. 4

Fabio: Was ist denn, Oma?

Oma: Hier, mit diesem Brief ist heute endlich der Schlüssel für Erikas Haus gekommen und ich habe diesen Gips am Bein und kann mir das Haus nicht anschauen!

Fabio: Ich verstehe überhaupt nichts. Wer ist Erika und warum hast du den Schlüssel für ihr Haus?

Oma: Du kennst meine Freundin Erika nicht, Erika Schiller. Sie hat die letzten 15 Jahre in der Nähe von Hamburg gelebt, am Meer. Sie war schon sehr alt. Na ja, und kurz vor Ostern dann ... Und jetzt gehört das Haus mir.

Fabio: Hm, wo ist denn das Haus?

Oma: Hier in Köln, natürlich.

Fabio: Dann kannst du mir doch den Schlüssel geben. Ich gehe hin, schaue mir alles an und erzähle dir, wie das Haus ist.

Oma: Du? Aber auf keinen Fall allein! Geh zusammen mit Tim. 5

3 In der Pause

Fabio: Schau mal hier, der Comic! Cool, nicht? Von Max. Den hat er mir nach der Ausstellung geschenkt.

Luisa: Hmm …

Fabio: Was? Gefällt er dir nicht? Warum? Ist doch wirklich super, toll gezeichnet und echt witzig.

Tim: Was ist echt witzig? Zeig mal! Von Max? Toll! Aber weißt du, der andere Comic von ihm mit der …

Luisa: Wollt ihr jetzt den ganzen Tag über die supertollen Comics von Max reden?

Fabio: Nein, nein. Ich muss euch was von meiner Oma Ilse erzählen.

Fabio erzählt ihnen von dem Haus und Tim ist sofort einverstanden. Natürlich will er das Haus sehen. Sie verabreden, dass sie sich am nächsten Tag um fünf Uhr an der Bus-Haltestelle vor der Schule treffen. Luisa will auch mitkommen.

Fabio: Hast du denn Zeit? Musst du nicht wieder etwas für die Medien-AG machen?

Tim: Ja, wolltest du nicht morgen noch etwas für die neue Homepage machen? Zusammen mit Max?

6 Luisa: Nein, ich habe Zeit!

4 Das Haus

7

Am nächsten Tag fahren Fabio, Tim und Luisa zum Haus von Erika Schiller. Es ist ein ziemlich großes Haus mit einem großen Balkon im ersten Stock und einem hübschen Garten mit Obstbäumen und vielen Blumen.
Aber das Haus ist fast leer. Es gibt nur ein paar kaputte Stühle, Regale ohne Bücher, und an den Wänden sieht man, dass dort früher viele Bilder gehangen haben.

Fabio: Na ja, das ist ja nicht besonders interessant.
Luisa: Ich finde es ein bisschen traurig.
Tim: Schaut mal, da ist noch eine Tür! Vielleicht geht es da in den Keller.

Tim macht die Tür auf. Ja, da ist eine Treppe in den Keller. Er macht die Taschenlampe an seinem Handy an und ruft auch Fabio und Luisa.

Im Keller gibt es viele alte Sachen: ein altes Fahrrad, viele alte Zeitungen, ein Sofa, zwei Sessel, Teppiche, einen Spiegel, einen kaputten Fernseher. Nichts Interessantes. Aber vielleicht ist im Schrank etwas? Und wirklich! Im Schrank finden sie Gläser, Teller, drei Tagebücher und ein paar alte Schallplatten.

die Schallplatte / die Single

Fabio: Ich glaube, die Tagebücher und die Schallplatten nehmen wir am besten mit und bringen sie Oma. 8

5 Am Rheinufer

Luisa und Sofie haben sich am Rheinufer getroffen. Sie sitzen auf einer Bank.

Sofie: Was wollen wir machen? Den Trial-Fahrern zuschauen?
Luisa: Ach, nein. Ich habe keine Lust.
Sofie: Wir könnten ein Eis essen. In der Nähe der Hohenzollernbrücke hat ein neues Eiscafé aufgemacht.
Luisa: Nein, keine Lust.
Sofie: Ich habe neue Musik aus dem Internet heruntergeladen. Wollen wir die hören?
Luisa: Nein.

Sofie: Ach, das hätte ich fast vergessen. Toll habt ihr das gemacht, das neue Logo für die Homepage der Medien-AG. Das sieht super aus!

Luisa: Ach, lass mich doch mit dem blöden Logo in Ruhe! Habt ihr denn alle nur das eine Thema: das super Logo vom tollen Max! Ich kann das nicht mehr hören!

Sofie: Du bist heute aber komisch … 9

6 Bei Oma Ilse

Fabio und Tim sind bei Oma Ilse. Tim hat Schokoladenkekse mitgebracht. Die hat seine Mutter für Oma Ilse gebacken.
Sie erzählen Oma Ilse von dem Haus und dass das Haus fast leer ist.

Oma: Mmh, Tim, die Kekse schmecken wunderbar. Das musst du deiner Mutter sagen. Ja, also Erika war krank. Deshalb wollte sie lieber am Meer leben, dort war das Klima besser für sie. Am Meer hatte sie nur eine kleine Wohnung und das Haus wollte sie nie verkaufen.

Fabio: Du Oma, im Haus haben wir drei Tagebücher und ein paar Schallplatten gefunden.

Oma: Ach, das sind ja Singles. Lass mal sehen.

Sie packen zuerst die Singles aus. Auf allen vier Singles steht „Blauer Mond" und „Rosa Fontana". Viermal das Lied „Blauer Mond" von Rosa Fontana! Das finden sie seltsam[1].

Oma: Rosa Fontana ... Rosa Fontana ... Ja, richtig, Rosemarie Fischer.

Fabio: Und wer ist jetzt Rosemarie Fischer?

Rosa Fontana war der Künstlername[2] von Rosemarie Fischer. Oma Ilse hat Erika vor zehn oder elf Jahren einmal besucht. Erika hatte eine Single und sie haben das Lied gehört. Erika hat Oma Ilse auch die Geschichte von Rosa Fontana oder Rosemarie Fischer erzählt. Sie war Sängerin und Fotomodell.

Oma: Ja, und dann hatte sie ein Kind und sie hatte Probleme. Später hat dann Erika nichts mehr von ihr gehört.

---

[1] seltsam = komisch

[2] der Künstlername = Künstler haben manchmal zwei Namen (hier z. B. Fischer und Fontana)

Aber ich weiß das nicht mehr so genau. Das war vor so vielen Jahren.

Tim: War Rosa Fontana eine berühmte Sängerin?

Oma: Also ich habe den Namen nur einmal gehört, nur von Erika.

der Plattenspieler

Fabio: Schade, dass wir die Single nicht hören können. Wer hat denn heute noch einen Plattenspieler? Ich kenne niemand.

Tim: Ich glaube, ich habe die Lösung. Mein Onkel Christian hat ein Musikgeschäft im Zentrum und er verkauft auch alte Singles und so. Er hat wahrscheinlich einen Plattenspieler.

Fabio: Super! Hast du morgen Zeit? Dann können wir am Nachmittag zu deinem Onkel gehen.

Tim: Kein Problem. Wir können auch Luisa fragen. Vielleicht will sie mitkommen.

Fabio: Ja klar. Und was machen wir mit den Tagebüchern?

Oma: Die lese ich. Vielleicht steht da ja etwas über Rosa Fontana.

10 11 12

7 Luisa

Fabio und Tim gehen von Oma Ilse zur Bus-Haltestelle.

Fabio: Bist du sicher, dass du auch Luisa fragen willst? Für morgen Nachmittag? Sie ist in letzter Zeit ein bisschen komisch.

Tim: Ja, ich weiß.

Fabio: Sofie hat mir erzählt, dass sie sich in der Medien-AG immer mit Max streitet. Und dass sie auch gar nicht mehr so viel für die Medien-AG machen will. Und dass sie echt genervt ist, weil alle das neue Logo von Max für die Homepage so toll finden.

Tim: Eigentlich glaube ich, dass sie Max sehr nett findet. Trotzdem will sie natürlich nicht, dass Max der Star der Medien-AG wird.

13

8 Im Musikgeschäft

Im Musikgeschäft erklären die Freunde Tims Onkel, warum sie gekommen sind. Sie haben Glück, denn er hat wirklich einen Plattenspieler für alte Singles.

Fabio: Aber vielleicht haben Sie jetzt keine Zeit? Der Mann da möchte doch sicher etwas kaufen.

Onkel: Nein, das ist o.k. Das ist Herr Garcia. Er ist fast jeden Tag hier. Er interessiert sich für Lieder aus den 50er Jahren[1]. Ein bisschen komisch, aber sympathisch. Wo habt ihr denn die Single gefunden? Im Keller von deiner Oma? Ha, ha. Kommt mit, der Plattenspieler steht hinter dem großen Regal.

Sie hören das Lied und plötzlich steht auch Herr Garcia neben dem Plattenspieler.

Herr Garcia: Dieses Lied! Diese Sängerin! Herr Schmidt, ich muss diese Single unbedingt haben. Wie viel kostet sie?

Onkel: Das ist nicht meine Single, sie gehört dem jungen Mann hier. Fabio?

Fabio: Eh, hm, die Single verkaufe ich für 200 Euro.

Herr Garcia: Einverstanden. Haben Sie ... eh ... hast du noch mehr Singles von dieser Sängerin?

Fabio: Nein, nein. Das war nur Spaß. Ich kann die Single nicht verkaufen, sie gehört meiner Oma.

Herr Garcia: Dann frag bitte deine Großmutter. Hier, da steht meine Telefonnummer. Bitte ruf mich auf jeden Fall an. Eh ... Auf Wiedersehen!

Luisa: Ein seltsamer Mann. Aber das Lied ist echt schön und die Sängerin singt toll.

Onkel: Ja, wirklich. Das Lied ist berühmt: „Blauer Mond“, das ist von 1952, von Dorinda. Das war ihr erster Erfolg. Aber Rosa Fontana kenne ich nicht.

[1] die 50er Jahre = Die Jahre 1950 bis 1959

Luisa: Ich habe mal eine Frage: Wie viel kostet denn so eine alte Single wirklich?

Onkel: Das ist nicht so einfach. Es gibt billige für einen Euro und teure Singles, die vielleicht auch schon einmal 60 Euro kosten.

14–15

9 Im Eiscafé

Tim: Können wir bestellen, bitte?

Kellnerin: Ja, gern.

Tim: Also ich hätte gern einen Eiskaffee. Und ihr?

Luisa: Ich möchte Eis. Vanille und Erdbeere bitte.

Fabio: Und ich nehme eine Eisschokolade.

Kellnerin: Sehr schön. Kommt sofort.

Luisa: Also ich bin neugierig. Warum will dieser Garcia 200 Euro für die Single zahlen? Und warum will er die Single unbedingt haben? Fabio, zeig doch mal seine Karte.

[1] Tel = Telefon(-nummer)

Luisa: Hm, er ist aus Argentinien, aber er heißt Hans. Das ist doch merkwürdig[1], oder? Und er wohnt im Hotel Zentral. Das ist praktisch. Meine Mutter arbeitet dort als Köchin. Sie kann ja mal fragen, vielleicht weiß man dort mehr über diesen Herrn Garcia. Und ich suche mal im Internet. Da finde ich doch sicher etwas: Rosa Fontana – Rosemarie Fischer – 1952 – Blauer Mond – Dorinda.

Tim: Ja, das ist eine gute Idee.

Fabio: Und wir beide gehen zu meiner Oma. Vielleicht hat sie ja etwas in den Tagebüchern gefunden. 16

10 Rosa Fontana

Oma: Ja, das ist wirklich merkwürdig, dass dieser Argentinier die Single unbedingt haben will. Aber ihr sagt, dass er eigentlich ganz sympathisch war. Vielleicht könnten wir ihn einfach mal anrufen.

Fabio: Oma, da warten wir besser erst einmal. Vielleicht hat ja Luisas Mutter mehr Informationen über diesen Hans Garcia. Aber, sag mal, mit den Tagebüchern ...

Tim: Ja, steht da etwas über Rosa Fontana?

[1] merkwürdig = komisch

Oma: Fabio, geh mal in die Küche und hol für euch Saft. Ich habe meinen Kaffee. Und dann erzähle ich euch, was ich über Rosa Fontana oder Rosemarie Fischer gefunden habe.

Oma Ilse hat in den Tagebüchern auch zwei Fotos mit Rosa gefunden. Auf dem ersten Foto ist sie zusammen mit ihrer besten Freundin Erika. Das Foto ist aus dem Sommer 1951. Da waren die beiden 17 Jahre alt.

Damals hat Rosa schon gesungen, in Cafés und manchmal auch in Klubs. Außerdem hat sie auch ein bisschen als Fotomodell gearbeitet.

Fabio: Hey, das Foto ist ja echt cool, oder?

Tim: Eh, ja. Was haben denn Rosas Eltern gesagt? Waren die einverstanden mit Rosas Jobs?

Rosas Eltern haben sich gefreut, dass sie so eine hübsche Tochter hatten und dass sie so gut singen konnte. Und immer wenn sie in Klubs gesungen hat, ist ihr Vater mitgegangen.

Rosa hatte auch einen Freund, Werner. Er war drei Jahre älter als Rosa und hat als Fotograf gearbeitet. Sie liebten sich sehr und wollten bald heiraten. Auch Rosas Eltern haben Werner sehr nett gefunden. Er hatte keine Eltern mehr und auch keine Geschwister und war oft bei Rosas Familie. Rosa war damals glücklich.

Und dann hat auch noch der Klubmanager gesagt, dass er mit Rosa eine Single mit dem Lied „Blauer Mond" machen will.

Fabio: Na, da war sie sicher sehr, sehr glücklich!

Oma: Ja. Sie hat dann ein paar Tage später in einem Studio die Single gemacht. Und das wollten natürlich alle zusammen, die ganze Familie, feiern ... mit einem Bootsausflug auf dem Rhein. Aber dann, dann ...

Tim: Ich glaube, da ist jemand an der Tür. Soll ich aufmachen?

Oma: Och, ist es denn schon sieben? Das ist mein Arzt, er will unbedingt zweimal pro Woche sehen, wie es mir geht! Kommt doch morgen so um fünf wieder, dann erzähle ich euch die Geschichte weiter, die traurige Geschichte.

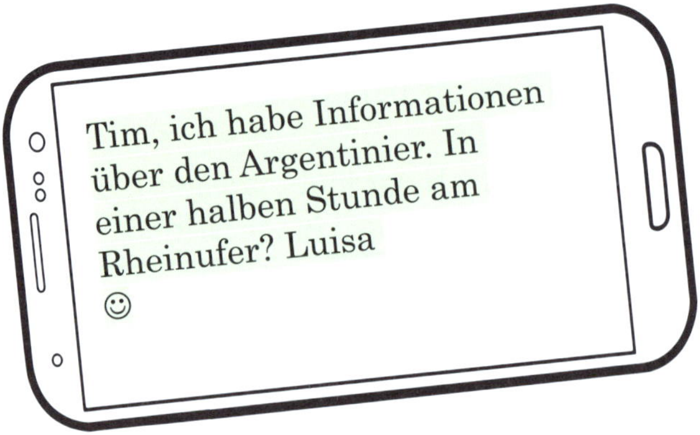

17
18

11 Hans Garcia

Luisa: Das ist ja wirklich spannend, was deine Oma in den Tagebüchern gelesen hat.

Fabio: Ja, aber jetzt erzähl mal, was du über den Argentinier weißt.

Luisas Mutter hat den Hotelmanager gefragt, sie kennt ihn schon sehr lange. Der merkwürdige Mann heißt wirklich Hans Garcia. Er ist 65 Jahre alt, ist in Deutschland geboren, hat aber fast sein ganzes Leben in Argentinien gelebt. Er ist sehr reich. Im Hotel wohnt er schon seit zwei Monaten. Alle finden ihn sehr freundlich und nett, aber niemand weiß, warum er schon so lange in Köln ist und was er den ganzen Tag macht.

Tim: Das ist ja ganz interessant. Aber wir wissen immer noch nicht, warum er die Single von Rosa Fontana unbedingt haben will.

Fabio: Hast du auch schon im Internet gesucht?

Luisa: Ja, aber über Rosa Fontana habe ich nichts gefunden. Dorinda habe ich gefunden, sie ist mit „Blauer Mond“ ein Star geworden. Mehr nicht.

Tim: Und was machen wir jetzt?

Fabio: Vielleicht rufen wir wirklich Herrn Garcia einfach an und treffen uns mit ihm. Und dann soll er uns erklären, warum er die Single unbedingt haben will.

Tim: Fabio, du bist verrückt!

Luisa: Vielleicht ist die Idee von Fabio gar nicht so schlecht. Was kann schon passieren? Wir treffen ihn im Café vom Hotel, da sind immer viele Leute.

Tim: Na ja, ich weiß nicht. Auf jeden Fall ist es besser, wenn wir morgen erst zu Fabios Oma gehen und sie uns das

Ende von Rosas Geschichte erzählt. Dann haben wir mehr Informationen.

19 Fabio: Einverstanden.

12 Auf dem Weg zu Oma Ilse

Tim: Sag mal, Luisa. Du warst ja gestern gar nicht bei der Medien-AG.

Luisa: Ja, keine Lust.

Tim: Max hatte ein paar gute Ideen. Und er hat gesagt, dass er gern mit dir über diese Ideen sprechen möchte, du hast ja die Homepage gemacht.

Luisa: Ach ja?

Fabio: Was redet ihr denn so lange? Kommt schon, meine
20 Oma wartet auf uns.

13 Der Bootsausflug

Fabio: Oma, das ist Luisa. Sie ist mit Tim in der Medien-AG. Sie hat Informationen über Herrn Garcia.

Luisa: Ja, also, Herr Garcia ist …

Luisa erzählt Oma Ilse alles über den merkwürdigen Argentinier.

Oma: Hm, diese Informationen sind interessant, Luisa, aber sie helfen uns nicht weiter. … Jetzt muss ich euch aber von dem schrecklichen Unglück erzählen.

Rosa, ihre Eltern und Werner sind mit dem kleinen Segelboot von Werner auf dem Rhein nach Norden gefahren. Das Wetter war wunderbar. Sie wollten im Rhein schwimmen und auf einer Wiese am Rhein ein Picknick machen. Dann ist das Wetter ganz plötzlich schlecht geworden und es hat ein schreckliches Gewitter gegeben. Es war so schrecklich, dass die Leute noch Jahre später von dem Gewitter erzählt haben.

Oma: Danach ist Rosa im Krankenhaus aufgewacht[1]. Sie war nur leicht verletzt. Dort hat der Arzt ihr gesagt, dass ihre Eltern und Werner nicht mehr leben …

Luisa, Fabio, Tim: NEIN!!!

Oma: Ja, aber der Arzt hat ihr auch gesagt, dass sie schwanger[2] ist.

Rosa hat zuerst allein in der Wohnung von ihren Eltern gelebt und hat jeden Tag im Klub gesungen. Dann aber hat der Besitzer gesehen, dass Rosa schwanger war. Er hat ihr gesagt, dass sie mit einem dicken Bauch nicht im Klub singen kann. Und wenn sie nicht im Klub singt, kann er auch die Single nicht verkaufen. Er hat dann die Single noch einmal gemacht, mit Dorinda, und Dorinda ist ein Star geworden.

Tim: So ein Kamel!

Luisa: Und was hat Rosa dann gemacht?

Fabio: Hat sie dann vielleicht bei Erikas Familie gelebt?

Oma: Richtig. Aber nicht lange. Nach ein paar Monaten ist das Baby gekommen und dann ist Rosa weggegangen. Es war sicher nicht leicht. Trotzdem wollte sie ein neues Leben anfangen. Sie hatte noch ein bisschen Geld von ihren Eltern.

Zuerst ist Rosa nach München gegangen. Dort hat sie auch eine Arbeit gefunden. Dann nach Hamburg und dann nach Berlin. Erika hat ein- oder zweimal im Jahr eine Postkarte[3] von ihr bekommen. Aber nach fünf Jahren hat sie nichts mehr von Rosa gehört. Sie hatte große Angst, dass Rosa etwas Schreckliches passiert ist.

[1] aufwachen = 

[2] schwanger = 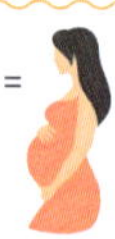

[3] die Postkarte = 

Oma: Aber was sollte sie machen? Sie hat ja nicht einmal gewusst, in welcher Stadt Rosa war.

Tim: Was? Keine Postkarte? Nichts?

Oma: Ja, so sieht es aus.

Fabio: Aber sag mal, Oma. Warum war Erika eigentlich deine Freundin? Sie war doch viel älter als du.

Oma: Sie war viele Jahre meine Klavierlehrerin. Und so sind wir dann auch Freundinnen geworden. 21–22

14 Im Hotel Zentral

Die Freunde haben Herrn Garcia angerufen und treffen sich heute mit ihm im Hotel Zentral, im Café.

Herr Garcia: Ehm, ja, also ihr möchtet sicher gern wissen, warum ich die Single von Rosa Fontana unbedingt haben möchte.

Fabio: Ja. Ja, das wollen wir wissen!

Herr Garcia: Im Musikgeschäft habt ihr die Single gespielt und ich habe sofort gewusst, dass das meine Mutter ist.

Luisa: Ihre Mutter?

Herr Garcia: Ja, eigentlich heißt sie Rosemarie Fischer. Ich habe nicht gewusst, dass sie die Sängerin Rosa Fontana war. Aber ich kenne das Lied, sie hat es immer gesungen, wenn sie traurig war. Und sie war oft traurig. Auf der Single, das ist meine Mutter, das ist Rosemarie Fischer.

Tim: Und was ist mit Ihrer Mutter passiert?

Herr Garcia: Sie hatte einen Motorradunfall. Man hat sie sofort ins Krankenhaus gebracht, aber es war zu spät.

Fabio: Oh, das tut uns leid. Und warum heißen Sie Garcia?

Herr Garcia: Meine Mutter war verheiratet, erst zwei Monate, mit einem Argentinier, Ramón Garcia, aus Buenos Aires. Er hat mich mit nach Argentinien genommen und ich habe bei ihm gelebt.

Luisa: Und warum sind Sie jetzt in Köln?

Herr Garcia: Ich bin jetzt Rentner, und ich wollte hier in Köln nach Informationen über meine Mutter suchen. Aber ich habe fast nichts gefunden. Das Haus mit der Wohnung von ihren Eltern, meinen Großeltern, gibt es nicht mehr. Nur die Single.

Luisa: Ihre Mutter war also aus Köln?

Herr Garcia: Ja, aber viel mehr weiß ich nicht aus ihrem früheren Leben. Sie hat nie etwas erzählt. Und von meiner Mutter habe ich nur diese Kette hier mit dem Kölner Dom. Diese Kette hatte ich schon immer.

Fabio: Wissen Sie, was wir jetzt machen? Wir gehen alle zusammen zu meiner Oma.

Herr Garcia: Zu deiner Oma? Warum denn?

Fabio: Meine Oma kann Ihnen viel von Ihrer Mutter erzählen.

15 Bei Oma Ilse

Alle sind bei Oma Ilse und erzählen und erzählen.

Oma: Mein lieber Herr Garcia, ich möchte Ihnen die Singles von Rosa Fontana schenken, und aus den Tagebüchern von Erika kann Ihnen Fabio die Seiten über Rosa, eh, Ihre Mutter Rosemarie kopieren.

Herr Garcia: Vielen herzlichen Dank. Das ist ein wunderschönes Geschenk. Erlauben Sie mir eine Frage?

Oma: Aber gern.

Herr Garcia: Was möchten Sie denn jetzt mit dem Haus von Ihrer Freundin Erika machen?

Oma: Das weiß ich wirklich nicht. Ich brauche das Haus nicht. Es ist auch ziemlich alt, man muss vieles reparieren und so viel Geld habe ich nicht.

Herr Garcia: Wenn Sie nichts dagegen haben, möchte ich gern alles reparieren, das Haus und den Garten wieder schön machen. Ich möchte, dass das Haus eine Musikschule wird. Die „Rosa-Fontana-Musikschule“ mit kostenlosen Kursen für alle Kinder.

Oma: Herr Garcia, das ist eine wunderbare Idee!

Luisa: Und ich ... eh, wir machen die Webseite für die Musikschule. Du machst doch mit Tim, oder?

Tim: Na klar!

Luisa: Und wir fragen auch Sofie. Das wird toll! Wir machen eine Musikdatei mit dem Lied und die Fotos müssen wir natürlich bearbeiten. Dann machen wir vielleicht auch einen Podcast mit Ihnen, Herr Garcia. Und dann haben wir ja auch noch die Tagebücher.

Oma: Also ich verstehe kein Wort.

Herr Garcia: Ich auch nicht. Aber ich glaube, das wird, wie sagen die jungen Leute heute? Echt cool!

16 Ein paar Tage später

26

ENDE